BEI GRIN MACHT SICH IHR WISSEN BEZAHLT

AF150832

- Wir veröffentlichen Ihre Hausarbeit,
  Bachelor- und Masterarbeit

- Ihr eigenes eBook und Buch -
  weltweit in allen wichtigen Shops

- Verdienen Sie an jedem Verkauf

Jetzt bei www.GRIN.com hochladen und kostenlos publizieren

Anika Kehl

Tatort Schule. Amoklauf eines Jugendlichen

GRIN Verlag

Bibliografische Information der Deutschen Nationalbibliothek:

Die Deutsche Bibliothek verzeichnet diese Publikation in der Deutschen National-
bibliografie; detaillierte bibliografische Daten sind im Internet über http://dnb.d-
nb.de/ abrufbar.

Impressum:

Copyright © 2010 GRIN Verlag GmbH
Druck und Bindung: Books on Demand GmbH, Norderstedt Germany
ISBN: 978-3-656-72861-0

Dieses Buch bei GRIN:

http://www.grin.com/de/e-book/279048/tatort-schule-amoklauf-eines-jugendlichen

GRIN - Your knowledge has value

Der GRIN Verlag publiziert seit 1998 wissenschaftliche Arbeiten von Studenten, Hochschullehrern und anderen Akademikern als eBook und gedrucktes Buch. Die Verlagswebsite www.grin.com ist die ideale Plattform zur Veröffentlichung von Hausarbeiten, Abschlussarbeiten, wissenschaftlichen Aufsätzen, Dissertationen und Fachbüchern.

Besuchen Sie uns im Internet:

http://www.grin.com/

http://www.facebook.com/grincom

http://www.twitter.com/grin_com

Ernst- Moritz- Arndt Universität Greifswald
Institut für Bildungswissenschaften
Seminar: Krisen und Konflikte im Kindes- und Jugendalter

Tatort Schule: Amoklauf eines Jugendlichen

Anika Kehl

Lehramt Gymnasium für Englisch, evangelische Religion und Deutsch als Fremdsprache

2

Inhaltsverzeichnis

Tatort Schule: Amoklauf eines Jugendlichen

1. Einleitung

"Hass treibt mich an. Ich bin so voller Wut. Jeder ist gegen mich. In dem Moment, in dem
meine letzte Hoffnung gestorben ist, werden auch andere Menschen sterben..." (Faust)

Es gibt sehr viele Krisen und Konflikte denen Kinder und Jugendliche in ihrem
Heranwachsen ausgesetzt sind. Dabei können manche Kinder besser mit Problemen umgehen
als andere Kinder und sie reagieren allesamt recht unterschiedlich auf Stresssituationen.
Schwerwiegende Krisen im Jugendalter können selbstverletzendes Verhalten, Suizidalität
oder Essstörungen sein. Diese Arbeit beschäftigt sich mit einem weiteren Extremfall einer
Krisensituation im Jugendalter, mit dem Amoklauf eines Jugendlichen.

Es wird maßgeblich Bezug auf die beiden Bücher von Frank J. Robertz genommen. Zum
einen das Buch *School Shootings: über die Relevanz der Phantasie für die Begehung von
Mehrfachtötungen durch Jugendliche* und zum anderen *Der Riss in der Tafel. Amoklauf und
schwere Gewalt in der Schule.* Des Weiteren baut die Arbeit auf einem gehaltenen Vortrag im
Seminarverband auf. Der Vortrag wurde im Rahmen des Seminars „Krisen und Konflikte im
Kindes- und Jugendalter" im Team von zwei Leuten gehalten, wobei sich meine Partnerin auf
die Definition eines Amoklauf bzw. eines School Shootings und auf die Themen Intervention
und Prävention eines Amoklaufs konzentriert hat und es meine Aufgabe war das soziale Band
und die Lebensphase Jugend zu analysieren, sowie die Person des Täters näher zu erläutern
und auf die Rolle der Phantasie bei einem Amoklauf einzugehen. Der Vollständigkeit halber,
wird sich die Hausarbeit mit dem gesamten Themenkomplex des Vortrags beschäftigen. Die
Themen meiner Partnerin werde ich dabei jedoch sehr kurz behandeln.

Zu Beginn des Vortrags wurde ein Video eingespielt, um die Ausmaße der Amokläufe in
Deutschland zu zeigen. In diesem Video wurden die bisherigen Ereignisse kurz geschildert.
Es entstand als Reaktion auf einen erneuten Amoklauf an einer deutschen Schule. Einzusehen
ist das Video von N42 im Internet unter http://www.youtube.com/watch?v=EAl6-k6PaRE
Danach wurden auch mehrere Grafiken gezeigt um das Problem des School Shootings in
Deutschland und der Welt näher zu beleuchten und in das Thema einzuführen. Grafik A zeigt
die Häufigkeit von School Shootings außerhalb der USA von 1992 bis 2006. Grafik B
beschäftigt sich mit dem Alter von School Shootern und Grafik C ist eine Statistik zur Art der
Opfer und zum Ausgang der Tat. Alle Grafiken sind der Arbeit angehängt.

Bei unserer Recherche für den Vortrag sind wir öfter auf die Frage nach dem Zusammenhang zwischen medialer Gewalt und gewaltverherrlichenden Computerspielen mit dem Amoklauf eines Jugendlichen gestoßen. Da dieses Themengebiet jedoch so unterschiedlich diskutiert wird und eine Behandlung dessen im Vortrag sowie auch in der Hausarbeit den Rahmen des Möglichen gesprengt hätte, haben wir uns dazu entschieden dieses Thema auszuschließen. Auch wenn die Debatte um einen derartigen Zusammenhang nicht zu unterschätzen ist und dieses Thema auch im Laufe des Vortrags zur Sprache kam.

2. Definition

Der Begriff Amok bezeichnet eine plötzliche Gewalttat, die nicht provoziert wurde aber mit Tötungsabsichten oder zumindest enormem Zerstörungswillen passiert. Der Täter handelt in blinder Wut. Er befindet sich in einer psychischen Extremsituation und ist zu äußerster Gewalt bereit. Dabei werden häufig Unbeteiligte zu seinen Opfern. (Faust) Die Weltgesundheitsorganisation (WHO) definiert Amok folgendermaßen: „Eine willkürliche, anscheinend nicht provozierte Episode mörderischen oder erheblich (fremd-)zerstörerischen Verhaltens. Dabei muss diese Gewalttat mehrere Menschen gefährden, d.h. verletzen oder gar töten, wenn von Amok die Rede sein soll." (Faust)

Bei einem School Shooting handelt es sich um Tötungsversuche bzw. Tötungen die von Jugendlichen begangen werden, wo die Schule bewusst als Tatort ausgesucht wurde. Trotz des Namens müssen in dem Vorhaben keine Schusswaffen genutzt werden. Meist handelt es sich bei den Tätern um derzeitige oder ehemalige Schüler der Schule und unter den Opfern sind fast nur Schüler, Lehrer oder sonstige Mitarbeiter der Schule. Die Opfer können zielgerichtet ausgewählt worden sein oder nur zufällig zur falschen zeit am falschen Ort gewesen sein. Synonyme des Begriffs „school shooting" sind „Amoklauf" bzw. „schwere zielgerichtete Gewalttat". (Robertz 2007: 10)

3. Das soziale Band

Das soziale Band, beschrieben vom Travis Hirschi, einem Soziologie Professor aus Arizona, hat 4 Aspekte die, wenn sie zusammenspielen, einen Amoklauf verhindern oder zumindest weitestgehend ausschließen können. Zum einen beschreibt Hirschi die emotionalen Bindungen der Jugendlichen. Diese sind besonders wichtig, da sie die Akzeptanz von Normen und die Entwicklung eines sozialen Gewissens fördern können, wenn die Bezugspersonen der Jugendlichen diese Werte vertreten. Der Jugendliche sollte das Gefühl haben von der öffentlichen Meinung und der Meinung in seiner Umgebung, zumindest in gewisser Weise, abhängig zu sein, denn da wo bereits in eine feste Bindung investiert wurde möchte man diese auch ungern wieder verlieren. Die Meinung des Anderen wird dadurch also wichtiger und man fragt sich eher ob man mit seiner Handlung diese Person nicht verletzen und vielleicht auch verscheuchen könnte. Die wichtigste emotionale Bindung der Jugendlichen ist die zu den Eltern, Mitschülern und Freunden aber auch zur Institution Schule. Wenn der Jugendliche nicht möchte, dass seine Umwelt schlecht von ihm denkt ist die Wahrscheinlichkeit, dass eben dieser Schüler ein School Shooting begeht um ein vielfaches reduziert. (Robertz 2007: 43)

Der zweite Aspekt des sozialen Bandes ist das Gefühl der Verpflichtung. Der Jugendlich darf nicht das Gefühl haben sein Leben nicht in der Hand zu haben. Er muss merken, dass er seinen eigenen Weg selbst steuern kann und für alle seine Entscheidungen die Verantwortung tragen muss. Wenn der Jugendliche versteht das er mit einer solchen Gewalttat seinem eigenen Ansehen und seiner eigenen Würde vehement schaden würde, reduziert auch das Gefühl der Verpflichtung die Wahrscheinlichkeit eines „school shootings" enorm. (Robertz 2007: 44)

Von großer Bedeutung ist auch die Einbindung des Jugendlichen in verschiedene Tätigkeiten. Hirschi fand heraus, dass Jugendliche die ihre freie Zeit mit ihrem Hobby, Sport oder anderen sozialen Tätigkeiten verbringen sehr viel weniger häufig auf die Idee kommen ein „school shooting" zu begehen. Sie haben einfach keine Zeit darüber nachzudenken. Forscher sind sich einig, dass Tagträume und bewusste Phantasien meist nur dann auftreten wenn die Person gerade nicht ausgelastet ist. Wird der Jugendliche nun aber in verschiedenen Bereichen gefordert, ist in seinem Tagesablauf stets gut eingebunden und hat die Möglichkeit sich auszuprobieren minimiert sich die Gefahr auf dumme Gedanken zu kommen. (Robert 2007: 44)

Der letzte Aspekt den Travis Hirschi anspricht behandelt den Glauben an Werte. Wenn ein Jugendlicher hinter dem Gebot der Unantastbarkeit eines jeden Menschenlebens steht und das Tötungsverbot für eine absolute Notwendigkeit in einer funktionierenden Gesellschaft ansieht wird er wahrscheinlich nie auf die Idee kommen ein School Shooting zu begehen. Zu diesem Aspekt gehört auch der Respekt des Jugendlichen vor weltlichen, sozialen und religiösen Gesetzen bzw. den Menschen oder Institutionen die für diese Werte stehen. (Robertz 2007:45)

Diese vier Aspekte kann man sich nun als vier Bänder vorstellen, die den Jugendlichen auf dem „richtigen Weg" halten sollen. Umso stärker das Netz aus diesen Bändern ist, umso geringer ist die Wahrscheinlichkeit, dass der Jugendliche eine derartige Gewalttat wie ein

School Shooting begehen würde. Umgekehrt gilt dabei aber auch: umso schwächer das Netz wird, umso höher wird die Wahrscheinlichkeit einer Gewalttat. (Robertz 2007: 45)

4. Lebensphase Jugend

Es gibt kein Patentrezept mit dem ein Jugendlicher eindeutig als zukünftiger „school shooter" identifiziert werden kann. Der amerikanischen Psychiaterin Dorothy Lewis zur Folge, könnte jeder Mensch ein Gewaltverbrechen begehen, wenn genügend Probleme im Leben des Menschen zusammen kommen. Man kann keine bestimmten Charaktereigenschaften nennen, die in diesem Menschen zu finden sein müssen und es gibt auch sonst kein Patentrezept das Klarheit verschaffen könnte. Das Einzige was man wirklich sagen kann, ist das es Risikofaktoren gibt, die anhand der bisherigen Taten herausgefunden wurden, die die Wahrscheinlichkeit eines solchen Gewaltverbrechens erhöhen können. (Robertz 2007: 25) Da gibt es zum einen den Knackpunkt des Alters. Der Definition nach sind alle School Shooter Jugendliche und somit zwischen zehn und 24 Jahren alt. (Robertz 2007: 25) Man kann also nicht ausschließen, dass die in der Jugendzeit ablaufenden Prozesse im Menschen einen Einfluss auf die Wahrscheinlichkeit eines „school shootings" haben. Der Jugendliche hat ein hohes Bedürfnis danach von seiner Umwelt verstanden zu werden und möchte gerade von Gleichaltrigen akzeptiert und respektiert werden. Er beginnt sich von seinem Elternhaus zu lösen und versucht eigene Wege zu gehen. Dabei spielen Freunde und soziale Kontakte eine wichtige Rolle. Durch diese Bindungen kann sich der Jugendliche orientieren und bekommt das Gefühl „gut aufgehoben" zu sein. Probleme entstehen nur dann wenn der Jugendliche Schwierigkeiten damit hat „seine" soziale Rolle zu finden. Wenn der Wunsch nach Anerkennung so groß wird, dass die Akzeptanz einer Gruppe auch Straftaten und Gewalttaten provozieren kann. Auf ihrem Weg erwachsen zu werden, versuchen die Jugendlichen immer wieder in neue Rollen zu schlüpfen und den für sie richtigen Weg zu finden. Dieser Prozess wird von Einigen als sehr belastend empfunden. Zudem kommen Wachstumsschübe dazu mit denen der Jugendlich zu kämpfen hat und die seine motorischen und intellektuellen Fähigkeiten immer wieder verändern und auch für die Ausbildung geschlechtsspezifischer Merkmale sorgen. Diese Entwicklungen können sich unter Umständen negativ auf das Selbstbewusstsein auswirken. Durch die vielen Veränderungen die im Körper des Jugendlichen stattfinden und auch die Veränderungen der Umwelt, geraten viele in eine Stresssituation die von Gefühlsausbrüchen gekennzeichnet ist. Jugendliche bewerten Situationen gerne über oder reagieren überspitzt. Sie überschätzen ihre eigene Stärke und setzen sich enormen körperlichen und auch psychischen Gefahren aus. Wenn alle diese Faktoren zusammen kommen kann es passieren, dass Jugendliche in Situationen geraten, in denen sie keinen anderen Ausweg finden, als sich gewaltsam zu wehren, zu rächen oder einfach zu zeigen das sie auch noch da sind. (Robertz 2007:26)

5. Psychische Krankheit?

Wenn ein Verhalten als eine psychische Krankheit bezeichnet werden kann, kann diese Krankheit das Verhalten eines Menschen in einer bestimmten Situation erklären. Die psychopathologischen Störungen müssten dann so stark ausgeprägt sein, dass sie das Verhalten und Erleben des Jugendlichen enorm verändern. Es wird mehrheitlich davon ausgegangen, dass es sich bei einem School Shooting nicht um eine psychische Krankheit handelt die den Jugendlichen zu der Tat treibt. Trotzdem lässt sich natürlich auch nicht sagen, dass der Jugendliche psychisch einwandfrei gesund ist. (Robertz 2007: 31) Der Tübinger Kinder- und Jugendpsychiater Reinhart Lempp stellte fest, dass die Jugendlichen während ihrer Tat in einer Art Phantasiewelt gefangen sind, die sie nicht als Realität identifizieren können. Man könnte dies als eine „extrem kurze Schizophrenie" bezeichnen, in der die Jugendlichen nicht wissen, dass sie ihre lange geplante Tat gerade wirklich umsetzen. Ein andere Erklärungsversuch, dieser so plötzlich auftretenden Gewalttat, sind depressive Symptome. (Robertz 2007: 32)

6. Täter

Wie schon zu Beginn gesagt, gibt es kein Patentrezept zur Identifizierung eines möglichen Amokläufers anhand von spezifischen Persönlichkeitsmerkmalen. Aber die Problemanlagen die man anhand der Studien an bisherigen Amokläufen herausfinden konnte, können Hinweise darauf geben welche Jugendlichen vielleicht gefährdeter sind als andere.

6.1. Einzelgängertum

School Shooter sind oft Jugendliche die von ihrer Umwelt zurückgezogen leben. Sie ziehen sich aus ihrer sozialen Umgebung zurück und können auch von Eltern und Familie nicht aufgefangen werden. Sie werden zu „in sich gekehrten Einzelgängern". Auch wenn es nach Außen hin oft noch so aussehen kann als ob der Jugendliche Freunde hat, sind diese sozialen Beziehungen oftmals so schwach das sie keinerlei Belastung standhalten könnten. Oder es handelt sich bei den „Freunden" ebenfalls um soziale Außenseiter. Das könnte dann noch für eine Verstärkung des „Einzelgänger-Gefühls" sorgen, da der Jugendliche denkt, eben nur bei Außenseitern eine Chance auf Akzeptanz und Freundschaft zu haben. Die Gesellschaft geht allgemein nicht gut mit Außenseitern bzw. Einzelgängern um und zu dem Gefühl der totalen Isolation kommen häufig auch noch Hänseleien oder Mobbing. Die Jugendlichen können schnell das Gefühl bekommen von ihrer Umwelt als wertlos verachtet zu werden. Die Studie von Vossecuil besagt, dass bei 71 % der Jugendlichen die zu School Shootern wurden ein Gefühl der Verletzung und Schikane durch Andere vorherrschte und Meloy belegt mit seiner Studie, dass 70 % der Täter Einzelgänger waren. Es sind also meistens nicht die lauten, aufmüpfigen Schüler, die gerne mal einen Witz auf Kosten Anderer machen, die später zu einem Amokläufer werden können. Sondern oftmals sind es die zurückgezogenen Schüler, die man vielleicht gar nicht wirklich bemerkt, die jedoch so sehr unter den ständigen Hänseleien und der Nichtbeachtung leiden und keinen anderen Ausweg finden ihrem Frust Luft zu machen, und somit eine Gewalttat begehen. (Robertz 2007: 33)

6.2 Tatplanungen

Ein School Shooting ist zumeist zuerst eine detailliert ausstaffierte Phantasie. Nun müssen nicht alle Phantasien zu einer derartigen Gewalttat führen aber dort fängt alles an. Der Psychoanalytiker Theodor Reik sagt, dass Gewaltphantasien oder auch Tötungsphantasien einem Menschen nicht unbedingt schaden müssen. Er prägt den Satz „Ein ausgedachter Mord am Tag hält den Psychologen fern" und bestätigt, dass fast alle Menschen in bestimmten Situationen ihres Lebens Gewalt- und Rachephantasien haben. Problematisch werden diese Phantasien erst dann wenn sie den gesamten Tagesablauf eines Menschen durchdringen und er nicht mehr in der Lage ist an etwas anderes zu denken, wenn diese Phantasie der einzige Lichtblick in seinem Leben ist. In Bezug auf das School Shooting ist es natürlich schwer zu sagen wann die Jugendlichen damit beginnen ihre Phantasien in richtige Pläne umzuwandeln und anfangen ihre Tat direkt zu planen. Man kann aber mit Sicherheit von einer Planung einer solchen Tat sprechen. Die Jugendlichen fertigen Tatpläne an, die einen Tag aber auch bis zu einem Jahr alt sein können. Bei den Schützen an der Columbine High School in den USA wurden sogar Tatpläne gefunden die mehr als zwei Jahre vorher angefertigt wurden. (Robertz 2007: 33/34)

6.3. Tatandeutungen und Drohungen

Die US-Amerikanische Schulpsychologien Stephanie Verlinden fand bei ihren Studien heraus, dass viele School Shooter ihre Tat lange im Voraus ankündigten. Dabei lassen sie gezielt Informationen an ihrer Umwelt durchsickern. Dieses Verhalten wird auch als „Leaking" bezeichnet. Bei den Andeutungen kann es sich um Gedichte, Bilder und Aufsätze handeln aber auch direkt um eindeutige geäußerte Hinweise zur Tat. Interesse an Waffen und möglicherweise auch der Zugang zu Waffen kann für dieses Prozess unterstützend wirken.

Wenn es also möglich wäre diese Warnhinweise des vermeintlich zukünftigen Täters richtig zu lesen, könnten diese Gewalttaten an Schulen wohlmöglich verhindert werden. (Robertz 2007: 34)

6.4. Einschnitt vor der Tat

Wenn man sich die bisherigen Amokläufe von Jugendlichen an Schulen anschaut kann man häufig feststellen, dass sie kurz vor der Tat ein schwerwiegendes persönliches Erlebnis gehabt haben. Dieses kann direkt mit der schulischen Laufbahn zu tun haben, wie der nicht geschaffte Abschluss oder der Schulverweis, oder auch mit dem sozialen Umfeld, beispielsweise eine erneute schwere Demütigung durch einen Mitschüler oder einen Lehrer. Egal was es ist, es hat eine unglaubliche Wirkung auf den Jugendlichen. Man könnte dieses Ereignis auch als Tropfen auf den heißen Stein bezeichnen, welches in einer endgültigen Isolierung des Jugendlichen resultiert. Möglicherweise bis dahin noch oberflächlich bestehende Beziehungen werden zu diesem Zeitpunkt auch noch abgebrochen. (Robertz 2007: 34)

6. 5. Die Tat

In der Tat möchte der Jugendliche seine Macht über die Menschen die ihn umgeben aber auch die Institution Schule demonstrieren. Er beginnt sich als Herrscher über das Leben um ihn herum zu sehen und sieht sich in der Position dieses Leben auch zu nehmen. Er möchte sich den Respekt verdienen den er schon immer haben wollte und versucht, durch die Gewalttat, auch seine eigene Selbstachtung zurück zu bekommen. Der Täter hat das Gefühl endlich wieder Kontrolle über sein Leben zu haben. (Robertz 2007)

7. Rolle der Phantasie

Im Folgenden soll es um eine kurze Beschreibung der Analogie des Bowlingspiels nach Moore gehen. Diese ist in einer Grafik verdeutlicht, welche den Hörer des Referats vorab ausgehändigt worden ist. Der Arbeit liegt das Handout für das Seminar mit der beschriebenen Grafik bei. Dabei ist eine Person zu sehen die versucht auf einer Bowlingbahn zu bowlen. Die Person ist von einer Art Schutzkreis, dem sozialen Band, umgeben. Dieses kann den Jugendlichen schützen wenn es stark genug ist. Die linke Bahn in der Grafik wird dabei als die gesellschaftlich anerkannte Bahn bezeichnet, die den Schüler zu schulischem und sozialem Erfolg führen soll. Es gibt aber auch den Fall, dass ein Jugendlicher auf dieser ihm vorgegeben Bahn nicht gut bowlen kann und sein Ziel einfach nicht erreicht. Diese Blockade des Bowlenden auf dem Weg zum Ziel können zum Beispiel Lerndefizite oder auch Kontrolldefizite sein. In dem Moment gibt es zwei Möglichkeiten. Der Jugendliche könnte sich eine andere Bahn suchen und versuchen auf dieser Bahn ins Ziel zu kommen und die anfänglichen Schwierigkeiten wären wohl bald vergessen. Wenn die Person aber keine andere Bahn findet, sieht er sich dem Gefühl der Machtlosigkeit schutzlos ausgeliefert und beginnt nach anderen Möglichkeiten zu suchen dieses Defizit auszugleichen. Er betritt somit die Bahn in Richtung School Shooting. Das Schutzschild um ihn herum wird löchrig wenn die Aspekte des sozialen Bandes nach Hirschi auf den Jugendlichen nicht zutreffen oder immer weniger und bedeutungsloser werden und er zieht sich in seine Phantasiewelt zurück. In seiner Phantasie kann er die Realität vergessen, die nur noch als negativ erlebt wird, sie wird immer wichtiger im Leben des Jugendlichen und bestimmt schon bald seinen Alltag. Es tut sich ein Teufelskreis aus immer neueren Enttäuschungen und immer schöner wirkenden Phantasien auf. Der Wunsch die Phantasien Wirklichkeit werden zu lassen wird immer stärker und der Jugendliche rückt immer weiter von der gesellschaftlich vorgegebenen Bahn weg. Dazu kommt bald die Einsicht des zukünftigen Täters, dass er seine Phantasie tatsächlich in die Tat umsetzen könnte. Das geschieht beispielsweise durch den Zugang zu Waffen, durch Provokationen oder keine negativen Reaktionen auf von ihm geschilderte Tatvorhaben. Der Jugendliche kann dies als eine Art Bestätigung für die Richtigkeit seiner Tat halten. Im letzten Moment gibt es einen konkreten Auslöser. Dieser Auslöser veranlasst den Jugendlichen letztendlich dazu seine Tat durchzuführen. Er vermutet dadurch die Kontrolle, die er verloren zu haben glaubt, zurück zu bekommen, dann rollt seine Kugel auf der falschen Bahn. (Robertz 2004: 220f)

8. Intervention

„Verlässliche Richtlinien für Verhaltensweisen, die einen Täter von seinem Vorhaben abbringen können, gibt es nicht." (Robertz 2007: 110) Grundlegend ist jedoch zu sagen, dass die Intervention während eines School Shootings maßgeblich Sache der Polizei ist und Schüler, Lehrer und Personal sich schnellstmöglich selbst in Sicherheit bringen sollten. Im Falle eines School Shootings sollten sechs „Grundregeln" befolgt werden. Alle Anwesenden sollten versuchen sich in Deckung zu bringen bzw. Schutz zu suchen. Schüler und Lehrer sollten im Klassenraum bleiben und versuchen sich in diesem zu verbarrikadieren. Es sollte schnellstmöglich die Polizei gerufen werden und diese muss mit so vielen Informationen wie möglich über die genaue Situation, den Täter und den Ort ausgestattet werden. Ferner sollten Türen und Fenster von den Insassen der Schule vermieden werden und der Täter sollte unter keinen Umständen in seinem Verhalten provoziert werden. Nur der Polizei wird die Tür geöffnet. Um in einer möglichen Amoksituation so schnell wie möglich handeln zu können müssen Polizei und Schule gut zusammen arbeiten. So wäre es von Vorteil wenn die zuständige Polizeidienststelle einen Grundriss der Schule und Photos der Schule hat um sich in Notsituationen schnell auf dem Schulgelände zurecht zu finden. Die Polizei sollte die Möglichkeit haben die Verantwortlichen der Schule in Notsituationen zu erreichen und es muss abgesprochen sein wie die Erziehungsberechtigten der Kinder über den Vorfall informiert werden. (Robertz 2007: 113)

Es kann aber bereits vor der Tat interveniert werden. Lehrer und Schüler müssen lernen auf verschiedene Warnsignale zu reagieren und diese auf keinen Fall zu ignorieren. Dabei spielt das Bedrohungsmanagement eine wichtige Rolle, dass sich erstmals in den 80er und 90er Jahren in den USA hervorgebildet hat. (Robert 2007: 119) Die Lehrer müssen wissen auf welche Warnsignale sie in ihrer Schule achten müssen und wie sie angemessen auf diese Signale reagieren können. Solche Warnsignale können spezielle Äußerungen eines Jugendlichen sein oder auch Verhaltensauffälligkeiten, die vom Lehrpersonal als flüchtige Drohung oder als substanzielle Drohung eingestuft werden sollten. Flüchtige Drohungen geschehen aus der Situation heraus und der Schüler oder die Schülerin entschuldigt sich danach häufig dafür. Substanziellen Bedrohungen dagegen enthalten oftmals spezifische Details der Tat, werden häufig wiederholt, es werden verschiedene Personen angesprochen, es finden sich Komplizen oder der Schüler versucht seine bevorstehende Tat zu bewerben bzw. es werden sogar Waffen oder Opferlisten gefunden. Sollte die Drohung als eine substantielle Drohung eingestuft werden, sollte der Schüler tiefergehend analysiert werden. Nach der Einstufung der Situation muss entscheiden werden ob der Fall unbedenklich ist, ob eine weitergehende Analyse stattfinden muss oder ob sofort gehandelt werden sollte. Möglichkeiten zur Intervention vor der Straftat wären dann ein Gespräch mit Schülern und Eltern, eine langfristige Beobachtung des Schülers, ein Verhaltenstraining oder eine Therapie, eine Hausdurchsuchung oder die Festnahme durch die Polizei. (Robertz 2007: 120f)

9. Prävention

Die Möglichkeiten zur Prävention können in die Bereiche Fürsorge, Nachsorge und Vorsorge eingeteilt werden. Bei der Fürsorge geht es um eine Notfallplanung um im Falle eines Notfalls helfen zu können. Die Schüler sollten wissen wie sie sich im Falle eines School Shootings verhalten müssen, wo sie hingehen müssen und wie sie sich am besten schützen können. Die Schüler müssen verstehen lernen, dass sie Informationen zu solchen Gewalttaten nicht unterm Tisch halten dürfen und sich an die Lehrer bzw. Verantwortlichen der Schüler wenden können. Das wichtigste ist es das Thema School Shooting nicht tot zu schweigen sondern es gezielt anzusprechen. Bei der Nachsorge geht es darum den Schülern und Lehrern unmittelbar nach der Tat zur Seite zu stehen und jede mögliche Hilfe zu gewährleisten. Die Vorsorge beschäftigt sich mit möglichen Präventionsmaßnahmen auf Notfälle in der Schule bzw. auch mit der Vorbereitung auf die Bewältigung der Notsituation im Nachhinein. Wilfried Schubarth und Hanns-Dietrich Dann haben fünf Grundprinzipien für die Vorsorge von Gewalttaten zusammengefasst. Dabei geht es um die Entwicklung einer qualitativen Beziehung zwischen Lehrern und Schülern und um die Ermöglichung von sozialem Lernen in der Schule. Es sollte ein gemeinsames, verbindliches Werte- und Normensystem herausgebildet werden, die Schüler sollten ein positives Selbstkonzept haben und ihre Leistungen positiv einschätzen können. Zu guter letzt sollte jeder Einzelne die Möglichkeit haben eine eigene soziale Identität auszubilden. (Robertz 2007: 126f)

10. Fazit

Das School Shooting gehört zu einem Extremfall Jugendlicher Gewalt. Es sollte daher an den Schulen von äußerster Bedeutung sein, diesen Taten entgegen zu wirken und Schüler und Lehrer in einem Maße aufzuklären und handlungsfähig zu machen, dass Warnsignale erkannt und, wenn nötig, verfolgt werden können. Auch wenn es für eine Schule unangenehm sein kann sich mit einem solchen Thema zu beschäftigen sollte die Sicherheit aller Beteiligten immer im Vordergrund stehen. Der beste Weg eine derartige Situation zu verhindern ist die Gewährleistung einer guten Kommunikation in der Schule. Dabei sollte stets auch die Hilfe von Experten in Erwägung gezogen werden wenn es nötig sein sollte.

Literaturverzeichnis

Robertz, Frank J.: *School Shootings: über die Relevanz der Phantasie für die Begehung von Mehrfachtötungen durch Jugendliche.* Frankfurt am Main: Verlag für Polizeiwissenschaft, 2004.
_____. *Der Riss in der Tafel. Amoklauf und schwere Gewalt in der Schule.* Heidelberg: Springer, 2007.

Internetquellen

Faust, Volker. „Psychosoziale Gesundheit von Angst bis Zwang: Amok", 10. September 2010 http://www.psychosoziale-gesundheit.net/psychiatrie/amok.html

N24, 10. September 2010 http://www.youtube.com/watch?v=EAl6-k6PaRE